Tu mundo

Investiguemos las medidas

Volumen y masa

Torrey Maloof

Asesoras

Michele Ogden, Ed.D
Directora, Irvine Unified School District

Jennifer Robertson, M.A.Ed.
Maestra, Huntington Beach City School District

Créditos de publicación

Rachelle Cracchiolo, M.S.Ed., *Editora comercial*
Conni Medina, M.A.Ed., *Gerente editorial*
Dona Herweck Rice, *Realizadora de la serie*
Emily R. Smith, M.A.Ed., *Realizadora de la serie*
Diana Kenney, M.A.Ed., NBCT, *Directora de contenido*
Stacy Monsman, M.A., *Editora*
Kevin Panter, *Diseñador gráfico*

Créditos de imágenes: Todas las imágenes de iStock y/o
Shutterstock.

Teacher Created Materials
5301 Oceanus Drive
Huntington Beach, CA 92649-1030
http://www.tcmpub.com

ISBN 978-1-4258-2891-2
© 2018 Teacher Created Materials, Inc.
Made in China
Nordica.102017.CA21701218

Contenido

Medición a la hora de comer

¿Cómo mides las cosas cuando ayudas a preparar la cena? ¿Usas tazas? ¿Usas cucharas? ¿Agregas una pizca de algo a un tazón de mezcla? Probablemente no midas todo de la misma manera. La forma de medir las cosas depende de las unidades que se necesiten. Y antes de empezar a cocinar, debes asegurarte de que tienes lo que necesitas.

Cuando compramos ingredientes, debemos asegurarnos de comprar las cantidades adecuadas. De lo contrario, no se podrán seguir las recetas. Por suerte, la mayoría de los alimentos tienen etiquetas. Las etiquetas indican las medidas clave. Por ejemplo, la etiqueta de un paquete de arroz dirá cuánto arroz hay en el paquete. La etiqueta de una botella de agua dirá cuánta agua hay en la botella. Es importante saber lo que significan estos números. Los números son importantes dentro y fuera de la cocina.

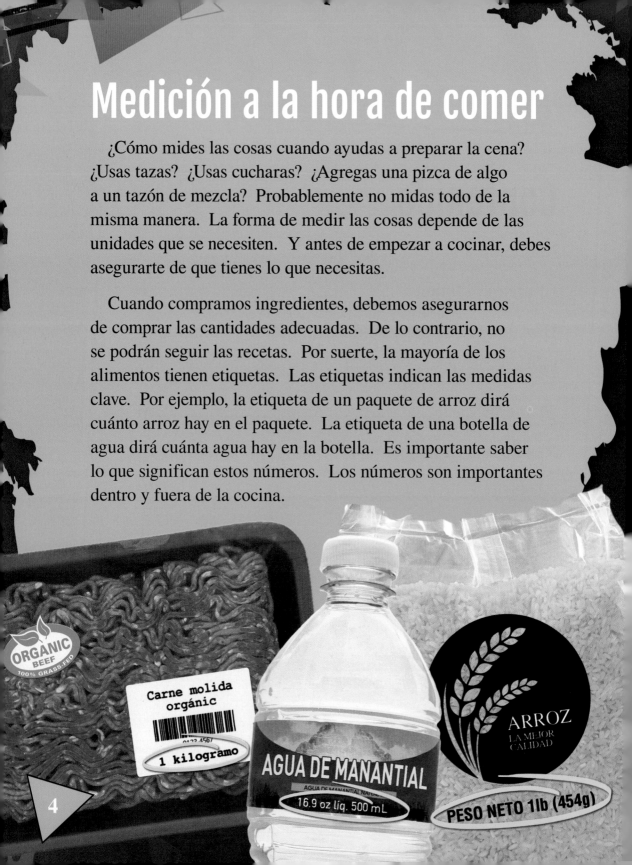

ORGANIC BEEF
100% GRASS-FED

Carne molida
orgánic

1 kilogramo

AGUA DE MANANTIAL
AGUA DE MANANTIAL NATURAL
16.9 oz líq. 500 mL

ARROZ
LA MEJOR CALIDAD

PESO NETO 1lb (454g)

Original

CORN FLAKES

Original Corn Flakes

Nutrition Facts

Calories 110

Hay dos cajas del mismo cereal en la despensa. Las dos cajas tienen exactamente el mismo tamaño. Una caja está sin abrir y llena. La otra caja está abierta y se ha comido parte del cereal.

1. ¿Cuál de las cajas es más pesada? ¿Cómo lo sabes?

2. ¿Cómo puedes averiguar cuánto más pesa una caja de cereal que la otra? Enumera los pasos.

El mismo idioma

¿Sabes hablar más de un idioma? ¿O conoces a alguien que sepa hablar un idioma que tú no conoces? Sea como sea, hay un idioma que se conoce en todo el mundo: ¡las matemáticas! Las matemáticas son un idioma **universal**. Podemos usar números para hablar del mundo que nos rodea.

¿Cómo nos ayudan los números a describir nuestro mundo? Bien, los números se usan a menudo para describir mediciones. El peso de un objeto sólido depende de la cantidad de **materia** en ese objeto. Esa cantidad se llama **masa**. Cuanta más masa tengan las cosas, más pesadas serán. Sin embargo, los líquidos se miden de otra forma. Se miden por la cantidad de espacio que ocupan. Esa cantidad se llama **volumen**.

Aunque los números en sí son iguales, las unidades varían. El **sistema métrico** tiene unidades que se pueden usar para hablar de temperatura, longitud, masa y volumen. Se basa en el número 10. Las unidades métricas como los **kilogramos** (kg) y los **gramos** (g) miden masa. Los **litros** (L) y los **mililitros** (mL) son unidades comunes usadas para medir volumen.

Una pizca de sal es menos de 1 gramo.

Una batería D pesa aproximadamente 150 gramos.

Una gota de agua es menos de 1 mililitro.

Una bolsa de manzanas es aproximadamente 1 kilogramo.

Una botella de refresco es aproximadamente 1 litro.

EXPLOREMOS LAS MATEMÁTICAS

¿Qué unidad de medida sería mejor para medir la masa o el volumen de cada artículo?

kilogramo   gramo   litro   mililitro

1. agua en una pecera

2. peso de un billete

3. líquido en una lágrima

4. peso de un diccionario

Haz una buena suposición

¿Qué pasa si no tienes tiempo para hacer una medición exacta? Consideremos el desayuno, por ejemplo. ¿Mides la leche antes de verterla en tu tazón de cereal? ¿O solo la viertes hasta que te parece que está bien? Lo más probable es que hagas esto último. Pero esto es más que una simple suposición. Está basado en lo que sabes.

El recipiente contiene una cierta cantidad de líquido. El cereal seco ya está ocupando un poco de espacio en ese recipiente. Esa información se puede usar para verter la cantidad correcta de leche. Esto se llama **estimación**. Si tu estimación es incorrecta, tu desayuno podría no ser lo que esperabas.

La estimación se usa todos los días. La gente calcula cuánto tiempo tardará en llegar a la escuela o al trabajo. Los compradores estiman cuánto costarán los comestibles. Estas no son conjeturas al azar. Se basan en información conocida.

Es útil estimar con objetos familiares. Imagina que sostienes un diccionario grande. ¿Se siente liviano? ¿Pesado? En realidad tiene una masa de aproximadamente 1 kg. Saber esto te puede ayudar a hacer una buena suposición sobre la masa de otro objeto. Por ejemplo, ¿cuántos diccionarios tendrían la misma masa que un gato? Si tu suposición es aproximadamente dos diccionarios, haz hecho una muy buena suposición.

Funciona también con el volumen. Piensa en una tetera. Una tetera contiene alrededor de 1 L de agua. ¿Cuántos litros se necesitan para llenar el lavabo del baño? Imagina que viertes agua de una tetera en un lavabo. ¿Cuántas teteras se necesitarían para llenarlo? Si tu conjetura es alrededor de ocho teteras llenas, ¡entonces has acertado!

Dos diccionarios tienen aproximadamente la misma masa que un gato.

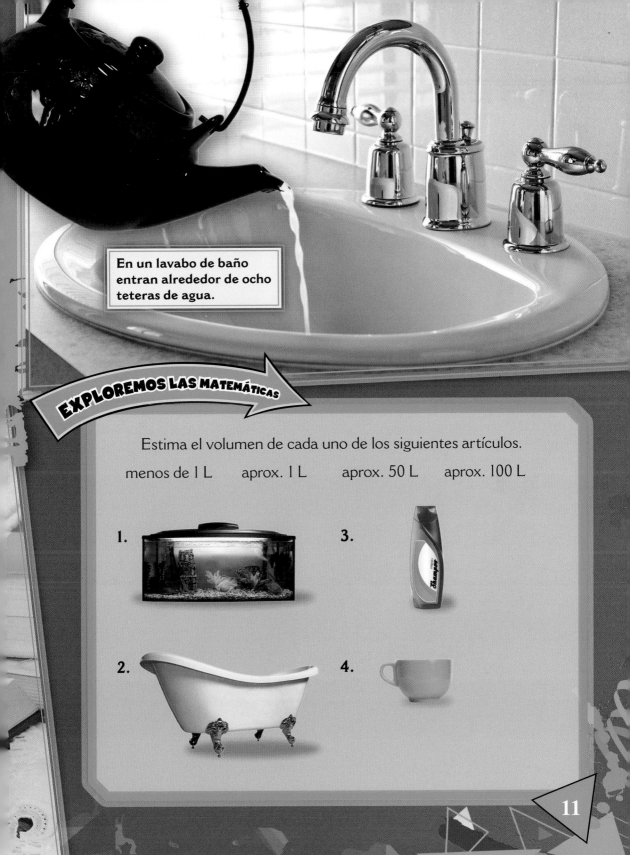

En un lavabo de baño entran alrededor de ocho teteras de agua.

EXPLOREMOS LAS MATEMÁTICAS

Estima el volumen de cada uno de los siguientes artículos.

menos de 1 L   aprox. 1 L   aprox. 50 L   aprox. 100 L

1.

2.

3.

4.

Aunque las mochilas pueden causar dolores de espalda, no causan la escoliosis, la afección que se ve en esta radiografía.

Decisiones diarias

¿Piensas que la estimación solo se usa en la clase de matemáticas? Tal vez creas que la medición ocurre solo en un laboratorio de ciencia. O tal vez pienses que las matemáticas del mundo real solo se encuentran en la cocina. ¡Piensa otra vez! La estimación puede ayudarte a tomar decisiones en la vida cotidiana.

Mochila pesada

A Lynn le encantan los libros. Le gusta leer y también aprender cosas nuevas. Sus libros favoritos son los de historia. La bibliotecaria de la escuela le ayuda a elegir un tema nuevo cada semana. Esta semana, está leyendo sobre las pirámides de Egipto. Está aprendiendo muchas cosas interesantes sobre las momias y los faraones. Pero su amor por los libros le está causando un problema. ¡Los libros de historia suelen ser libros grandes!

La semana pasada, a Lynn le comenzó a doler la espalda. La bibliotecaria piensa que la mochila está causando el dolor. Piensa que es demasiado pesada para ella. Pero Lynn no está de acuerdo. Ella estima que su mochila tiene una masa de unos 2 kg. La bibliotecaria estima que la mochila de Lynn tiene una masa de unos 5 kg. Le pide a Lynn que mida la masa de su mochila. Quiere que le comente la medición a la enfermera de la escuela.

Lynn comienza a vaciar su mochila. ¡Hay un montón de cosas! A medida que saca cada objeto, empieza a pensar que su estimación de 2 kg puede ser demasiado baja. Pero todavía no cree que la masa total sea más de 5 kg.

Lynn hace una lista de los objetos en su mochila. Algunos de los objetos no son muy pesados. Ella tiene lápices, una carpeta de tareas y algo de dinero. No los incluye en la lista. Sabe que tienen una masa de solo unos pocos gramos o menos. Pero Lynn sí incluye sus tres libros, su botella de agua y su computadora portátil. Estima que la masa de cada objeto es de aproximadamente 1 kg. Suma los cinco artículos. La masa total de la mochila es de unos 5 kg. ¡La bibliotecaria tenía razón! La enfermera coincide en que Lynn lleva demasiado en su mochila. En vez de deshacerse de sus libros, Lynn compra una mochila con ruedas. ¡Problema resuelto!

Amelia es la mejor jugadora de béisbol de la escuela. Pero sus compañeras de equipo piensan que debería vaciar su bolso más a menudo. ¡Piensan que la masa total de su bolso de deportes es de más de 10,000 gramos!

1. El cuadro de abajo muestra la masa de objetos en el enorme bolso de deportes de Amelia. ¿Cuál es el total?

Objetos	Masa total
	500 g
	2,000 g
	1,500 g
	500 g
	500 g

2. ¿Piensas que la estimación del equipo era buena? Explica tu razonamiento.

Hidratada y saludable

La semana pasada, Rubí aprendió en la escuela todo sobre la **nutrición**. Una médica le habló a la clase. Les habló a los estudiantes sobre los alimentos sanos que deben comer. También les habló acerca del ejercicio. "Una alimentación y una actividad saludables harán que se sientan bien por dentro y por fuera", dijo. La médica también habló sobre beber agua. Les explicó por qué mantenerse **hidratado** es algo bueno.

Por suerte, Rubí ya corre mucho. Además, juega en el equipo de fútbol de su escuela. ¡Ambos son entrenamientos geniales! También hace buenas elecciones de comida. Pero hay una cosa que Rubí no hace: beber suficiente agua. Rubí quiere un cambio. Quiere estar lo más saludable posible. Dentro de poco, tiene un partido de fútbol importante y quiere estar en la mejor forma. Rubí está decidida a comenzar a beber más agua.

La doctora les dijo a los alumnos que deberían tomar 2 L de agua por día. Rubí decide poner en práctica sus habilidades matemáticas. Planea hacer una tabla. La tabla le ayudará a asegurarse de que está bebiendo suficiente agua por día.

Rubí sabe que hay 1,000 mL en 1 L. Entonces, debe beber 2,000 mL de agua por día. Rubí tiene dos botellas de agua de diferente tamaño. Tiene una verde pequeña. Contiene 500 mL. También tiene una plateada grande. Esta contiene 800 mL. Usa la plateada cuando juega al fútbol porque contiene más agua. Le da mucha sed cuando driblea la pelota para un lado y otro de la cancha debajo del sol fuerte. Rubí piensa en el volumen total de cada botella de agua. Luego, hace la tabla.

Rubí registra cada vez que toma una botella llena de agua. Usa su tabla para responder las preguntas que siguen.

Días	Botella verde (500 mL)	Botella plateada (800 mL)
Lunes	I I	I
Martes	I I I I	
Miércoles	I	I I
Jueves	I	I
Viernes	I I I	I
Sábado		I I I
Domingo	I I	I I

1. ¿Cuántos mililitros de agua bebió Rubí el miércoles?

2. ¿Qué días cumplió Rubí su objetivo de beber 2,000 mL? ¿Qué días no lo cumplió?

3. ¿Cuántos mililitros de agua bebió Rubí esta semana?

Verano de perros

El perro de Trevor, Pancho, ha sido su mejor amigo desde que era un niño pequeño. Pancho se parece a un osito de peluche y actúa como tal. Es cariñoso y peludo. También es gracioso. Le gusta hacer tonterías para que Trevor se ría. Una vez, se revolcó en un gran charco de lodo durante horas. Cuando terminó, sólo se le podían ver los ojos debajo de las gruesas capas de lodo.

Pancho siempre puede contar con Trevor. Y Trevor siempre puede contar con Pancho. Pero Trevor se va de viaje este verano. Viajará a Europa con sus padres. No estarán por dos semanas.

Trevor quiere estar seguro de dejarle al cuidador suficiente comida y medicamento. Pancho come una determinada cantidad de alimento por día. También necesita una pequeña cantidad de medicamento agregada a su agua. Para ello, Trevor usa un gotero. Sabe que deberá dejar instrucciones para el cuidador.

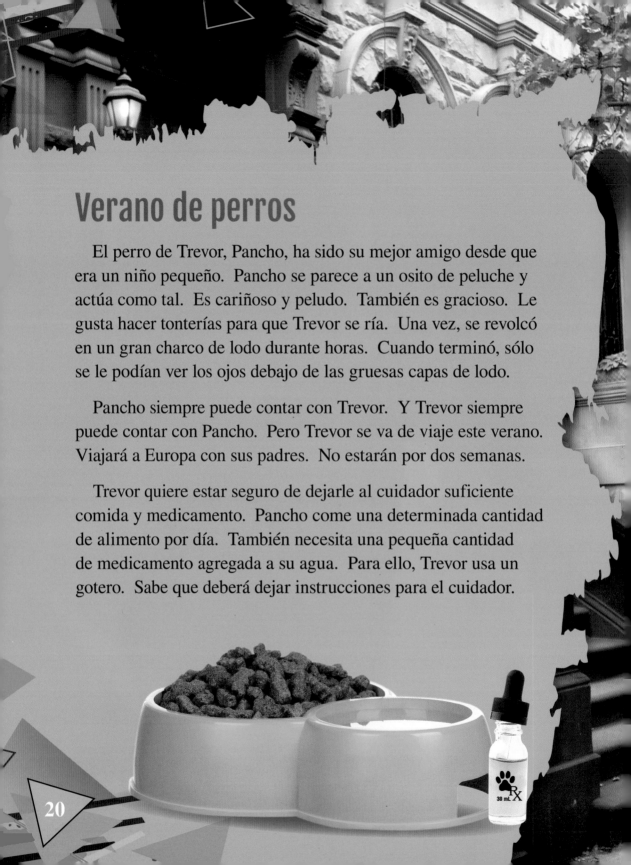

Trevor y Pancho

21

Trevor trabaja con sus padres para planificar cuánto alimento debe comer Pancho por día. Si Pancho no recibe suficiente comida, su salud se resentirá. Pero, si come demasiado, podría quedar con exceso de peso. Su corazón o su piel podrían verse afectados. También se podría enfermar de **artritis**. Demasiada comida podría causar muchos problemas. Por lo tanto, Trevor quiere asegurarse de que Pancho consuma la cantidad correcta de comida.

¿Cuánta comida necesitará Pancho? Trevor no solo vierte la comida en el tazón de Pancho. Usa una escala especial para calcular primero su masa. Pancho debe comer 200 g de alimento en cada comida. Y Trevor alimenta a Pancho dos veces al día. Ahora Trevor tiene que averiguar cuánto alimento para perros debe comprar para Pancho. Tiene que alcanzar para las dos semanas en que Trevor no esté.

Trevor sabe que Pancho comerá 200 gramos de alimento para perros en cada comida.

1. ¿Cuántos gramos de alimento para perros come Pancho por día? (Recuerda que Pancho come dos veces por día).

2. ¿Cuántos gramos de alimento para perros comerá Pancho en dos semanas?

3. El alimento para perros se vende en una bolsa con una masa de 5,000 gramos. ¿Será suficiente una bolsa para dos semanas?

23

JULIO

DOMINGO	LUNES	MARTES	MIÉRCOLES	JUEVES	VIERNES	SÁBADO
					1	2
31	4	5	6	7	8	9
3	11	12	13	14	15	16
10						
17	18	19	20	21	22	23
24	25	26	27	28	29	30

Ahora, Trevor y sus padres tienen que hacer los arreglos para que Pancho tome su medicamento. Tienen un frasco sin abrir. Pero Trevor no está seguro de que sea suficiente. Revisa la etiqueta. Dice que el volumen total es de 30 mL.

Trevor usa un gotero para darle a Pancho el medicamento. El gotero contiene 1 mL de líquido. Trevor le da a Pancho dos goteros llenos. Eso significa que Pancho toma 2 mL de medicamento por día. Trevor estará fuera por dos semanas. Por lo tanto, multiplica 14 días por 2 mL. Eso es un volumen total de 28 mL. ¿Hay suficiente medicamento? Sí, porque 28 mL es menos que 30 mL. Los padres de Trevor no tendrán que comprar otro frasco del medicamento de Pancho para dejárselo al cuidador.

EXPLOREMOS LAS MATEMÁTICAS

El cuidador necesitará 28 mL del medicamento de Pancho para dos semanas. El volumen del frasco es de 30 mL.

1. ¿Cuántos mililitros de medicamento quedarán después de las dos semanas?

2. La próxima vez que los padres de Trevor compran el medicamento de Pancho, el tamaño del frasco ha cambiado. El nuevo tiene un volumen de solo 7 mL. ¿Cuántos frascos necesitarán comprar para dos semanas de tratamiento de Pancho?

¡A medir!

Ahora tienes el sistema métrico en tu caja de herramientas. ¿Qué es lo siguiente que vas a medir? Hay tantas opciones. ¿Cuál es la masa de un sándwich de mantequilla de maní y jalea? ¿Tiene mayor masa un sándwich de jamón? ¿Crees que sus masas deben medirse en gramos o en kilogramos?

¿Qué sándwich tiene más masa?

¿Qué pasa con los líquidos? ¿Qué te parece que contiene más líquido: un tazón de café o una taza de té? ¿Cuántos vasos de leche hay en un cartón? También tienes las herramientas para resolver estos problemas: litros y mililitros.

Piensa en objetos familiares y cuáles puedes usar para estimar. ¡Puedes hacerlo! Cuanto más practiques, tanto mejor podrás medir y estimar en la vida cotidiana.

¿Qué taza contiene más líquido?

⚙️ Resolución de problemas

Sonia va a ir a un viaje de fin de semana con su papá. Él es piloto e irán volando a un campamento. Podrán caminar, descansar y leer. Sonia quiere pintar algunas escenas naturales. El papá de Sonia dice que su equipaje de mano no puede tener una masa de más de 10 kg. ¡Sonia quiere llevar muchas cosas! Necesita planear cuidadosamente. Ayuda a Sonia a empacar su equipaje.

1. Halla la masa total de todos los objetos de Sonia.

2. ¿Cuál es la diferencia entre el objeto más pesado y el objeto más liviano?

3. Escribe dos combinaciones de objetos que Sonia podría empacar que la mantendría en o por debajo del límite de 10 kilogramos. ¿Qué opción le recomendarías a Sonia? ¿Por qué?

Objetos que Sonia quiere llevar

Objeto	Masa
libros	3 kg
botas para escalar	2 kg
computadora portátil	2 kg
útiles para pintar	4 kg
jeans	3 kg

Glosario

artritis: una enfermedad que causa rigidez, hinchazón y dolor en las articulaciones

estimación: una suposición basada en observaciones e información

gramos: unidades métricas de masa iguales a una milésima de un kilogramo

hidratado: que tiene suficiente agua

kilogramos: unidades métricas de masa iguales a 1,000 gramos

litros: unidades métricas de volumen iguales a 1,000 mililitros

masa: la cantidad de materia en algo

materia: todo lo que tenga masa y ocupe espacio

mililitros: unidades métricas de volumen iguales a una milésima de un litro

nutrición: el proceso de comer la clase adecuada de comida para estar saludable

sistema métrico: un sistema de medidas y pesos que incluye kilogramos y litros

universal: lo mismo en todos lados

volumen: la cantidad de espacio ocupado por algo

Índice

Soluciones

Exploremos las matemáticas

página 5:

1. La caja cerrada es más pesada porque tiene más cereal en su interior.
2. Medir la masa de cada caja. Luego, restar la masa más liviana de la masa más pesada.

página 7:

1. Litro
2. Gramo
3. Mililitro
4. Kilogramo

página 11:

1. Aproximadamente 50 L
2. Aproximadamente 100 L
3. Aproximadamente 1 L
4. Menos de 1 L

página 15:

1. 5,000 g
2. No, porque la estimación es demasiado alta.

página 19:

1. 2,100 mL
2. Rubí cumplió con su objetivo el martes, miércoles, viernes, sábado y domingo. No lo cumplió el lunes ni el jueves.
3. 14,500 mL

página 23:

1. 400 g
2. 5,600 g
3. No, una bolsa no será suficiente para dos semanas porque 5,000 es menos que 5,600

página 25:

1. 2 mL
2. 4 frascos

Resolución de problemas

1. 14 kg
2. 2 kg
3. Las respuestas varían pero pueden incluir: Opción 1: libros, computadora portátil, útiles para pintar; opción 2: libros, botas, computadora portátil, *jeans*; la opción 2 es mejor porque Sonia necesitará botas y *jeans*.